MW00511170

Kinder lieben gereimte Texte, sie möchten sie immer
wieder hören und entwickeln auf diese Weise ein
Gefühl für Sprache, sei es die eigene, sei es eine fremde.
Reime prägen sich dank ihrer Sprachmelodie leicht ein,
sie sind meist lustig oder komisch, auf jeden Fall kurz
und prägnant. Einmal gelernt, bleiben die Wörter
im Gedächtnis und der Klang der Sprache im Ohr –
ein Leben lang. Ein Vergnügen für Klein und Groß!

Erika Tophoven studierte Englisch und Französisch
und lebte vierzig Jahre in Paris, wo sie zeitgenössische
französische Autoren übersetzte. Als Mutter zweisprachig aufwachsender Kinder sammelte sie englische
und französische Kinderreime und -gedichte. Sie lebt
seit 2005 in Berlin.

Henrike Wilson studierte in Washington D.C. und
Köln Malerei und Grafikdesign und unternahm lange
Reisen in die Karibik und nach Indien. Die intensiven
Farben ihrer Reiseziele finden sich in ihren kraftvollen
Illustrationen wieder. Henrike Wilson hat sich als
Kinderbuchillustratorin international einen Namen
gemacht. 2005 wurde sie für ihre Illustrationskunst
mit dem New York Times-Award ausgezeichnet.

Nursery Rhymes
Englische Kinderreime

Gesammelt und übersetzt
von Erika Tophoven

Illustrationen von Henrike Wilson

Deutscher Taschenbuch Verlag

dtv zweisprachig
Begründet von Kristof Wachinger-Langewiesche

Ausführliche Informationen über
unsere Autoren und Bücher
finden Sie auf unserer Website
www.dtv.de

Originalausgabe 2011
Deutscher Taschenbuch Verlag GmbH & Co. KG,
München
Die Übersetzung ist urheberrechtlich geschützt.
Sämtliche, auch auszugsweise Verwertungen bleiben vorbehalten.
Umschlagkonzept: Balk & Brumshagen
Umschlagbild: Henrike Wilson
Satz: Greiner & Reichel, Köln
Druck und Bindung: Kösel, Krugzell
Gedruckt auf säurefreiem, chlorfrei gebleichtem Papier
Printed in Germany · ISBN 978-3-423-9500-6

Snail, snail, put out your horns,
and I'll give you bread and barley corns.

Schneck, Schneck, zeig deine Hörner,
dann geb ich dir Brot und Gerstenkörner.

Hickory dickory dock,
the mouse ran up the clock.
The clock struck one,
the mouse ran down,
hickory dickory dock.

Trippeldi trappeldi trapp,
die Maus läuft die Uhr hinauf.
Schlägt es eins,
läuft sie herab,
trippeldi trappeldi trapp.

Here is the sea, the wavy sea,
here is the boat, and here is me.
All the little fishes down below
wriggle their tails,
    and away they all go.

Dies ist das Meer, das wogende Meer,
dies ist das Schiff, und das bin ich.
Alle kleinen Fische tief da unten
wackeln mit dem Schwanz
    und sind verschwunden.

Diddle diddle dumpling, my son John
went to bed with his trousers on.
One shoe off and one shoe on,
diddle diddle dumpling, my son John.

Wee Willie Winkie runs through the town,
upstairs and downstairs in his nightgown,
knocking on the window,
    crying through the lock,
"Are the children all in bed?
For it's past eight o'clock."

Didel-didel-dumpel, mein Sohn Hans
ging zu Bett mit den Hosen an.
Einen Schuh aus und einen Schuh an,
didel-didel-dumpel, mein Sohn Hans.

Der kleine Willi Winkie läuft durch die Stadt
in seinem Nachthemd, treppauf, treppab,
er klopft an die Fenster,
    ruft durchs Schlüsselloch:
« Alle Kinder ins Bett gebracht?
Es ist schon nach acht. »

When the wind blows,
then the mill goes.
When the wind drops,
then the mill stops.

Dance to your daddy,
my little laddie,
dance to your daddy,
my little lamb.

You shall have a fishy
in a little dishy,
you shall have a fishy
when the boat comes in.

Wenn der Wind weht,
dreht sich die Mühle.
Wenn der Wind sich legt,
steht die Mühle still.

Tanz für deinen Papa,
mein Kleiner,
tanz für deinen Papa,
mein kleines Lamm.

Du kriegst ein Fischelchen
in einem Schüsselchen,
du kriegst ein Fischelchen,
wenn das Boot heimkommt.

Ride a cockhorse
to Banbury Cross,
to see a fine lady
upon a white horse.
With rings on her fingers
and bells on her toes,
she shall have music
wherever she goes.

Hopp, Pferdchen, hopp,
wir reiten nach Banbury Cross,
zur lieblichen Lady
auf weißem Ross.
Ringe an den Fingern
und Glöckchen an den Zeh'n,
Musik überall,
wo immer sie geht.

Rock-a-bye baby,
thy cradle is green.
Father's a nobleman,
mother's a queen.
Johnny's a drummer
and drums for the King.
And Betty's a lady
and wears a gold ring.

Schaukle, schaukle, Kindchen,
deine Wiege ist grün.
Vater ist ein Edelmann,
Mutter eine Königin.
Johnny ist ein Trommler
und trommelt für den König.
Und Betty ist eine Dame
und trägt einen goldenen Ring.

Engine, engine Number Nine,
running on the Glasgow line,
if she's polished, how she'll shine!
Engine, engine Number Nine.

Early in the morning
see the little engines
standing in the station
all in a row.

Watch the stationmaster
blow his little whistle!
Peep peep – puff puff,
off we go!

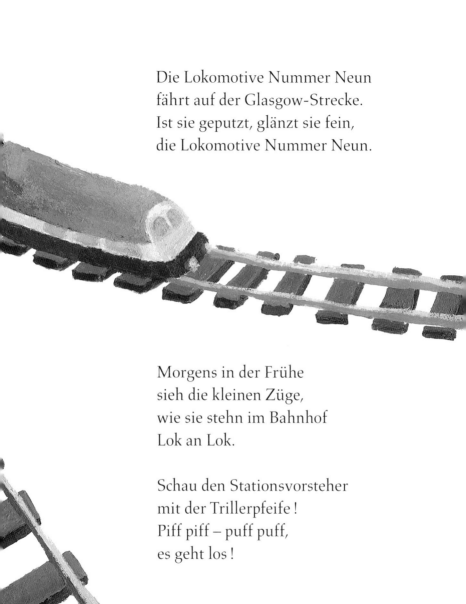

Die Lokomotive Nummer Neun
fährt auf der Glasgow-Strecke.
Ist sie geputzt, glänzt sie fein,
die Lokomotive Nummer Neun.

Morgens in der Frühe
sieh die kleinen Züge,
wie sie stehn im Bahnhof
Lok an Lok.

Schau den Stationsvorsteher
mit der Trillerpfeife!
Piff piff – puff puff,
es geht los!

This is the father short and stout,
this is the mother with children all about,
this is the brother tall to see,
this is the sister
    with dolly on her knee,
this is the baby sure to grow,
and here is the family all in a row.

Das ist der Vater, stämmig und klein,
das ist die Mutter mit den Kinderlein,
das ist der Bruder, groß – und wie!,
das ist die Schwester
    mit der Puppe auf dem Knie,
das ist das Jüngste, es wächst erst heran,
und hier ist die ganze Familie beisamm'.

These are Grandma's spectacles,
this is Grandma's hat,
this is the way she folds her hands
and puts them in her lap.

These are Grandad's spectacles,
this is Grandad's hat,
this is the way he folds his arms
and has a little nap.

Dies ist Großmamas Brille,
dies ist Großmamas Hut,
und so faltet sie die Hände
und legt sie in den Schoß.

Dies ist Großpapas Brille,
dies ist Großpapas Hut,
und so kreuzt er die Arme
und schläft ein bisschen – psst!

One, two,
buckle my shoe.

Three, four,
knock at the door.

Five, six,
pick up sticks.

Seven, eight,
lay them straight.

Nine, ten,
a big fat hen.

Eins, zwei,
schnall den Schuh.

Drei, vier,
klopf an die Tür.

Fünf, sechs,
heb auf die Stöck'.

Sieben, acht,
leg sie gerad'.

Neun, zehn,
'ne fette Henn'.

Little Boy Blue,
come blow your horn!
The sheep's in the meadow,
the cow's in the corn.

But where is the boy
who looks after the sheep?
He's under a haycock,
fast asleep.

Will you wake him?
No, not I,
for if I do,
he's sure to cry.

Kleiner trauriger Bub,
komm, blas dein Horn !
Das Schaf ist auf der Weide,
die Kuh ist im Korn.

Wo ist denn der Bub,
der die Schafe hütet?
Er liegt im Heuhaufen
und schläft ganz tief.

Wirst du ihn wecken?
Nein, ich nicht,
denn wenn ich es tue,
weint er bitterlich.

Rub-a-du-dub,
three men in a tub.
And how do you think they got there?
The butcher, the baker,
the candlestick-maker,
they all jumped out of a rotten potato.
It was enough to make a man stare.

Pitsche-patsche-panne,
drei Mann in einer Wanne.
Was meinst du: Wie kamen sie da rein?
Der Metzger, der Bäcker
und der Kerzenmacher,
die sprangen aus einer faulen Kartoffel heraus.
Da staune, wer's glaubt.

I eat my peas with honey,
I've done it all my life.
It makes the peas taste funny,
but it keeps them on my knife.

Mix a pancake,
stir a pancake,
pop it in the pan.
Fry the pancake,
toss the pancake,
catch it if you can.

Ich ess meine Erbsen mit Honig,
das fand ich mein Leben lang besser.
Die Erbsen schmecken zwar komisch,
doch fallen sie nicht vom Messer.

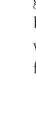

Mach einen Pfannkuchen,
rühr ihn an,
gieß ihn in die Pfann'.
Back den Pfannkuchen,
wirf ihn hoch,
fang ihn, wenn du kannst.

One, two, three, four, five,
once I caught a fish alive.
Six, seven, eight, nine, ten,
then I let it go again.

Why did you let it go?
Because it bit my finger so.
Which finger did it bite?
This little finger on the right.

Eins, zwei, drei, vier, fünf,
ich fing mal einen lebenden Fisch.
Sechs, sieben, acht, neun, zehn,
doch ließ ich ihn wieder gehn.

Warum hieltest du ihn nicht fest?
Weil er mich in den Finger biss.
Welchen Finger biss er an?
Den kleinen an der rechten Hand.

Salomon Grundy,
born on Monday,
christened on Tuesday,
married on Wednesday,
sick on Thursday,
worse on Friday,
died on Saturday,
buried on Sunday.

Salomon Grundy war ein Mann,
der am Montag zur Welt kam,
am Dienstag wurde er getauft,
am Mittwoch nahm er sich eine Frau,
am Donnerstag wurde er krank,
am Freitag war er schlimmer dran,
am Samstag ist er dann gestorben
und am Sonntag begraben worden.

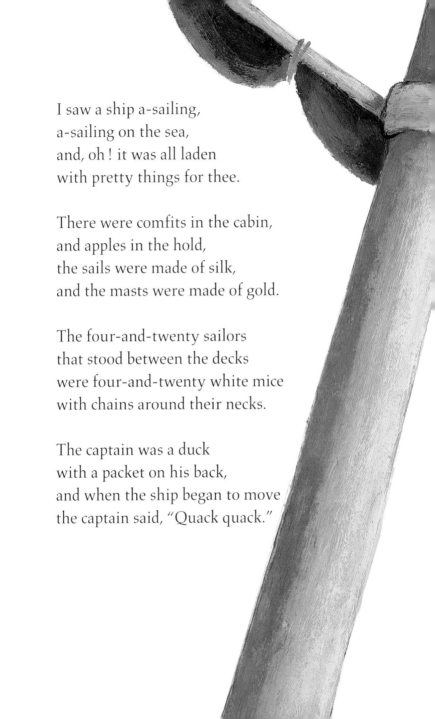

I saw a ship a-sailing,
a-sailing on the sea,
and, oh ! it was all laden
with pretty things for thee.

There were comfits in the cabin,
and apples in the hold,
the sails were made of silk,
and the masts were made of gold.

The four-and-twenty sailors
that stood between the decks
were four-and-twenty white mice
with chains around their necks.

The captain was a duck
with a packet on his back,
and when the ship began to move
the captain said, "Quack quack."

Ich sah ein Schiff, das segelte,
das segelt' auf hoher See,
und, oh, es war beladen
mit schönen Sachen für dich.

Pralinen in der Kabine
und Äpfel im Laderaum,
die Segel waren aus Seide
und die Masten waren aus Gold.

Die vierundzwanzig Matrosen,
aufgestellt zwischen den Decks,
waren vierundzwanzig weiße Mäuse
mit Ketten um den Hals.

Der Kapitän war ein Enterich,
trug auf dem Rücken einen Sack,
und als das Schiff in Fahrt kam,
sagte der Kapitän: «Quak quak.»

Mary Ann, Mary Ann,
make the porridge in a pan,
make it thick, make it thin,
make it any way you can.

Molly, my sister,
and I fell out,
and what do you think it was all about?
She loved coffee, and I loved tea,
and that was the reason we could not agree.

Marie Ann, Marie Ann,
koch uns ein Töpfchen Haferbrei,
mach ihn dick, mach ihn dünn,
wie du's kannst, einerlei.

Meine Schwester Molly
und ich kriegten Krach,
und was meinst du, worum es ging?
Sie trank lieber Kaffee und ich lieber Tee,
darum zankten wir uns Tag für Tag.

Two little blackbirds
singing in the sun.
One flew away,
and then there was one.

One little blackbird,
very black and small,
he flew away,
and then there was the wall.

One little brick wall,
lonely in the rain,
waiting for the blackbirds
to come and sing again.

Zwei kleine Amseln
sangen im Sonnenschein.
Eine flog fort,
die andre war allein.

Eine kleine Amsel,
pechschwarz und klein,
flog fort, und da
war die Mauer allein.

Dem Mäuerchen im Regen
wird die Zeit lang,
bis die Amseln wiederkehren
mit ihrem Gesang.

Hark, hark,
the dogs do bark,
the beggars are coming to town,
some in rags,
and some in jags,
and one in a velvet gown.

Two little dickybirds sitting on a wall,
one named Peter, one named Paul.
Fly away, Peter! Fly away, Paul!
Come back, Peter! Come back, Paul!

Horch, horch,
die Hunde bellen,
die Bettler kommen in die Stadt,
manche in Lumpen
und manche in Lappen
und einer ganz in Samt.

Zwei Piepmätze sitzen auf der Mauer,
der eine heißt Peter, der andere Paul.
Flieg fort, Peter! Flieg fort, Paul!
Komm wieder, Peter! Komm wieder, Paul!

Here is the ostrich straight and tall,
nodding his head above us all.

Here is the long snake on the ground,
wriggling upon the stones he found.

Here are the birds that fly so high,
spreading their wings across the sky.

Here is the hedgehog, prickly, small,
rolling himself into a ball.

Here is the spider scuttling around,
treading so lightly on the ground.

Here are the children fast asleep,
and here at night the owls do peep.

Dies ist der Straußvogel, groß und gerad',
der nickt mit dem Kopf auf alle herab.

Dies ist die lange Schlange im Sand,
die kriecht über Steine, die sie da fand.

Dies sind die Vögel, die hoch hinauffliegen,
mit offenen Schwingen am Himmel ziehen.

Dies ist der stachlige kleine Igel,
er rollt sich zusammen zu einer Kugel.

Dies ist die Spinne, die läuft kreuz und quer,
leichtfüßig am Boden hin und her.

Dies sind die Kinder, tief im Schlaf,
die Nachteulen blinzeln zu ihnen herab.

Mary had a little lamb,
its fleece was white as snow,
and everywhere that Mary went
the lamb was sure to go.

It followed her to school one day,
which was against the rule.
It made the children laugh and play
to see a lamb at school.

And so the teacher turned it out,
but still it lingered near
and waited patiently about
till Mary did appear.

"What makes the lamb love Mary so?"
the eager children cry.
"Why, Mary loves the lamb, you know,"
the teacher did reply.

Marie hatte ein kleines Lamm,
sein Fell war weiß wie Schnee.
Und überall, wo Mariechen war,
war auch das Lämmchen, mäh.

Es ging gar mal zur Schule mit,
was gegen die Vorschrift war.
Die Kinder lachten und spielten gleich,
als sie das Lämmchen sah'n.

Der Lehrer schob das Lamm hinaus,
doch blieb es in der Nähe
und wartete geduldig darauf,
dass Marie wiederkäme.

«Warum liebt denn das Lamm Marie so sehr?»,
fragten die Kinder voll Eifer.
«Nun, weil Marie ihr Lamm so liebt»,
erwiderte der Lehrer weise.

Vor vierzig Jahren besuchten meine Freundin Christel Stephan und ich eine Sprachenschule in München. Wir spickten schon damals gerne unsere Sätze mit witzigen englischen Redewendungen, Sprichwörtern und dergleichen. Das Schicksal verschlug uns beide ins Ausland, Christel nach England, mich nach Frankreich. Unsere Kinder wurden zweisprachig groß. Sie lernten als erstes die deutschen Kinderreime, die wir noch im Gedächtnis hatten, und gleichzeitig in England *nursery rhymes* und in Frankreich *comptines*. Wir erlebten auf diese Weise, wie die Kinderwelt durch spielerisches Erlernen einer zweiten Sprache an Bilderreichtum und Ausdrucksformen gewinnt.

Diese kleine Sammlung möge vielen Kindern schon früh den Zugang zum englischen Sprachbereich erleichtern.

E.T.